常州博物馆
50 周年 · 典藏丛书

文物出版社

主　编　陈丽华

副主编　钱　潮

　　　　黄建康

　　　　林　健

　　　　唐星良

　　　　邵建伟

执　笔　朱　敏

　　　　左树成

　　　　李　威

　　　　谭杨吉

　　　　程　霞

序 言

常州，地处富饶美丽的长江三角洲，是一座具有悠久历史的江南文化名城。

自春秋末吴国季札受封于延陵至今，常州有文字记载的历史已达2500余年。西晋以来，一直是郡、州、府的治所。清代常州府辖八县，故有"中吴要辅、八邑名都"的美誉。常州历代经济发达，科举鼎盛，文化昌盛，名家辈出。特别在清代，涌现了具有全国影响的五大学派：常州画派、常州词派、常州学派、阳湖文派、孟河医派。清代著名思想家龚自珍赞叹常州为"天下名士有部落，东南无与常匹俦"。

常州博物馆创建于1958年，在社会各界人士的支持下，历50个春秋岁月，经几代博物馆人的共同努力，现已发展为一座具备一定规模的地方历史综合性博物馆（含江苏省唯一的一家少儿自然博物馆）。目前馆藏文物2万余件，以良渚文化玉器、春秋原始青瓷器、宋元漆器和明清书画为收藏特色，其中南宋戗金漆奁、宋代影青观音坐像等文物弥足珍贵。

建馆50年来，曾三易馆址。建馆初期，馆址设在红梅公园内的红梅阁，后迁至天宁寺，1983年9月又迁至清凉寺，工作条件十分简陋。为了常州博物馆事业的发展，几代文博工作者艰苦奋斗，征集文物、考古发掘、制作标本、陈列展览、科学研究，取得了可喜的成果，激励着当代文博工作者奋发向前。可以说，常州博物馆的全体人员以崇尚事业、不懈努力、勇于奉献、敢于创新的精神走过了不平凡的、有作为的50年。

常州博物馆新馆于2007年4月28日在常州市委、市政府的关心和支持下全面落成开放。新馆外观新颖、设施齐全、功能先进、富有时代气息。其中博物馆总面积为23095平方米（含共享空间、技术用房），总体建筑分为五层，地上有四层，地下有一层。地上第一至三层为陈列展览区，地下一层和地上第四层为库房和办公区域。展区面积近1万平方米，共有9个展厅，展览主要有：常州历史文化陈列——以常州古代历史为脉络，以常州文物精品为特色，彰显地方文化底蕴；自然陈列——是江苏省综合性博物馆中的特色展览，集知识性、趣味性、互动性于一体；谢稚柳艺术馆——展示谢稚柳先生的艺术生涯及艺术成就；刘国钧捐献红木家具陈列——展示稀有珍贵的晚清整套红木家具；临时展览——承接各种不同类型的展览。新馆开馆一年来，以新颖独特的外观、先进完备的设施、丰富精美的陈列、优质高效的服务迎接着四面八方的游客，受到业内同行和社会各界的认可和好评。

当常州博物馆新馆开馆周年正值50华诞之际，我们编辑出版了这套典藏丛书（5册）奉献给读者。典藏丛书集馆藏书法、绘画、瓷器、漆木·金银器、玉器·画像砖等文物精品近500件。我们编纂此书的目的是希望广大读者能领略到常州博物馆文物藏品的风采和独特魅力，以展示常州的悠久历史和地方特色，激发人们热爱祖国、热爱家乡的情怀。同样，典藏丛书的出版能更好地展示常州和谐、持续发展的独特资源优势，是增强城市文化软实力、科学发展实践和运用的体现，也是常州博物馆的全体人员对常州经济、文化发展所做出的贡献。

常州博物馆馆长
2008年10月

PREFACE

Changzhou lies in the beautiful and richly endowed Yangtze River Delta. It is a famous cultural city with age-long history in South China.

Since the late Spring-and-Autumn period when Ji Zha of the Wu State was enfeoffed in Yanling, the literally recorded history of Changzhou has lasted for over 2,500 years. From the Western Jin Dynasty, Changzhou was all along the seat of a prefecture or a district. In the Qing period, Changzhou Prefecture administrated eight counties, so it was praised as "an important area in the Wu land and a famous center with eight counties." For several successive dynasties Changzhou flourished economically and culturally, winning a good name in imperial examinations and brought up people of talent generation after generation. Especially in the Qing period, there appeared five nationally-influential schools, i.e. Changzhou painting school, Changzhou ci poetic school, Changzhou school of the Confucian classics in the Han period version, Yanghu literary school and Menghe medical school. It is completely reasonable that Gong Zizhen, a celebrated thinker of the Qing period, commended the city with admiration in his poetic sentences "People with literary reputation under heaven come largely from certain regions, yet those from Changzhou are matchless in number throughout Southeast China."

The Changzhou Museum was found in 1958. Through 50 years of development and with the joint efforts of generations of its workers and the generous support from various social circles, today it has become a considerable-scale integrated museum of regional history (including its children's museum of nature, the only one in Jiangsu Province). Its collections have exceeded 20,000 cultural relics with the Liangzhu Culture jades, the Spring-and-Autumn period proto-celadon, the Song and Yuan lacquer-ware and the Ming and Qing calligraphy and paintings as their characteristics, among which are a number of extremely valuable objects, such as the Southern Song period lacquered toilet boxes with gilt incised design, the Song period shadowy blue seated Avalokitesvara and other national-grade treasures.

In the 50-year course since the Museum's founding, it changed its site three times. In the early period it was located in the Hongmei Pavilion of Hongmei Park. From there it was moved to the Tianning Temple a little later and again to the Qingliang Temple in September 1983, but the condition of work was always rather poor. Nevertheless, for the development of the Museum's cause, generations of our antiquarian workers made steadfast and assiduous efforts and obtained gratifying achievements in cultural relics collection, archaeological excavation, exhibits preparation and organization, and scientific research, which impelled greatly our antiquaries' fervor of striving

for success. Indeed, the Changzhou Museum people went through an extraordinary yet fruitful 50-year course with the spirit of loyalty to the cause, unremittingly exerting themselves, willing to dedication and being bold in making innovations.

With care and support from the Party committee and government of Changzhou City, the Museum's new site was completed and began to open to the public on 28 April 2007. It is novel in appearance, complete in equipment, advanced in function and full of flavor of the times. It has a total area of 23,095 sq m (including the communal space and technical rooms). The whole building consists of five floors: four on the ground and one under it. The first to third floors are for exhibition, and the underground and fourth ones are storerooms and offices. The exhibition space measures approximately 10,000 sq m and comprises nine halls, which service mainly to the following subjects. 1) The exhibition of Changzhou history and culture. It is organized according to the developmental line of the city's ancient history, displays select Changzhou cultural relics and reflects the basic cultural contents of the present region. 2) The exhibition of natural environments. This is a characteristic feature of our institution as a provincial integrated museum. It combines knowledge with interest and the expression of mutual actions. 3) The Xie Zhiliu art gallery. It exhibits Mr. Xie's art career and accomplishments. 4) The exhibition of the mahogany furniture Liu Guojun presented, a complete set of rare and invaluable mahogany articles handed down from the late Qing period. 5) The organization of various exhibitions in times of need. For over a year since the opening of the new building, our Museum, with its novel and unique appearance, advanced and perfect facilities, rich and fine exhibitions and excellent and effective service, have welcomed numerous visitors from all directions and won positive remarks and favorable comments from the antiquarian and museological profession and people in all walks of life.

On the occasion of the 50th anniversary of the founding of the Changzhou Museum as well as the first anniversary of the opening of its new building, we compile and publish the present series of classic books (five volumes) for offering to readers. This series shows 449 select cultural relics collected in our Museum, which fall into the classes of calligraphy, paintings, porcelain, lacquer-, gold- and silver-ware, and jades and pictorial bricks. It is our purpose that the broad readers, through these volumes, will see and appreciate the elegant appearance and distinctive charm of the Museum-collected cultural relics, get more knowledge of Changzhou's age-long history and local characteristics, and raise their feelings of loving our motherland and hometown. Meanwhile, the publication of the series will show the harmonious and sustained development of Changzhou, as well as the superiority of its unique resources. We hope that this set of books will be helpful to strengthen the city's soft cultural force and to practicing and applying the concept of scientific development, which will be also a bit of contribution of our Changzhou Museum colleagues to the city's economic and social development.

Director of Changzhou Museum　Chen Lihua

October 2008

目 录

目　录

目　录

前 言

中国是最早使用漆的国家，漆木器工艺历史悠久，源远流长。考古发掘资料证实，早在新石器时代河姆渡文化、马家浜文化时期，长江下游地区已出现了木质的生产工具和部分髹漆器皿，常州漆木器制作和使用的历史即可追溯到这一时期。上个世纪70~80年代在常州东郊戚墅堰圩墩新石器时代遗址发现的木橹、木桨、木插销等，造型规整，表面平滑，反映了当时木器制作技术已经较为成熟。其中，木橹为新石器时代早期遗址所仅见。而圩墩遗址出土的一件黑色喇叭形器，出土时还带有漆皮，是迄今发现年代最早的漆器之一。

经过漫长的历史岁月，漆器和木器的制作工艺在不断提高。至宋代，漆器的生产在各方面都有较大发展，戗金、雕漆、描金漆、一色漆等髹漆工艺与过去相比有了质的飞跃。20世纪70~80年代，在常州武进村前乡、成章乡，市区清潭体育场工地、丽华新村等处，出土了不少珍贵的宋代漆器，填补了宋代漆器工艺的空白，部分器物代表了宋代漆器工艺发展的最高成就。

特别值得关注的是常州博物馆收藏的武进村前乡南宋墓葬出土的漆木器，有漆奁、漆盒、漆镜箱、漆执镜盒、漆粉盒，木制的桌椅、梳篦和毛笔、卷轴杆等。其中木桌和木椅是完全根据实用家具按比例缩小制作的明器，整体比例适度，简洁挺秀，体现了宋代家具的制作工艺，是研究中国古代家具发展史的宝贵资料。

该地出土的3件珍贵的戗金漆器：朱漆戗金莲瓣式人物花卉纹奁、黑漆戗金细钩填柳塘纹长方盒、朱漆戗金人物花卉纹长方盒，前所未见。其中朱漆戗金莲瓣式人物花卉纹奁呈莲花形，上下分四层，木胎，髹朱漆，用戗金工艺装饰花纹，口沿镶银扣。奁盖饰一幅园林仕女图：仕女二人，发髻高耸，长裙曳地，手中分执团扇、折扇，正在悄声细语地谈着什么，旁有女童捧瓶侍立，花园内还有山石、柳树、藤墩。奁壁饰折枝牡丹、莲花、芙蓉、梅花等四季花卉。此奁花纹刻画细腻，人

物形象妩媚多姿。一般漆器的纹饰多数采用装饰性的图案，而这件漆奁的绘画却是写意味浓厚的风俗画。戗金是漆器制作的一种独特工艺，指在朱色或黑色漆地上用针尖或刀锋镂出纤细花纹，花纹内填漆，然后将金箔或银箔粘上去，成为金色或银色的花纹。过去一直认为只有到了元代才有戗金工艺，武进村前乡出土的这几件戗金漆器，证明了南宋时期的戗金工艺已发展到比较成熟的阶段。

武进村前乡南宋墓出土的一件剔犀执镜盒，也十分珍贵。它以褐色漆为地，用朱、黄、黑三色漆更叠髹成，盒面及盒柄雕刻云纹八组，漆层肥厚，刀口圆熟，藏锋清楚。剔犀是雕漆工艺的一种，雕漆制作方法是先在器胎上层层髹漆，一般为几十层，多者有达百余层，始雕刻花纹。这种工艺始创于唐，到元末明初进入繁盛时期。国内出土的宋代剔犀漆器总数不过十件左右，剔犀与一般雕漆的区别是：将二或三种颜色的漆相间堆涂起来，然后进行雕刻，并且以"云纹"为主，线条简练，流畅委婉，因此又有"云雕"之称。

馆藏宋代漆器尤为难得的是不少器物还带有铭文，如"丁酉温州五马钟念二郎上牢"、"庚申温州丁字桥巷解七叔上牢"、"湖州西王上三"、"常州嵇嗣上牢"等，它们记录了漆器的制作时间、地点及制作人姓名，是研究宋代漆器生产的第一手珍贵资料，说明在长江以南地区，已形成了许多地区性漆器制作中心，漆器作为商品生产的一部分，进入了流通领域。而"常州嵇嗣上牢"款漆碗的发现，更反映了常州当时已经有发达的漆器制造业。

1976年，在常州武进卜弋乡发现一座元墓，出土9件漆器，这批漆器的特点是漆层厚，色偏橙红，口沿和底部施黑漆，是典型的元代素面漆器。在部分朱漆碗的底部正中有朱书八思巴文"𗀚"，汉译为"陈"字，成为鉴定元代漆器的珍贵参照物。

常州自古就有梳篦之乡的美誉，早在晋代，常州梳篦就已经闻名遐迩，迨至清代更成为宫廷御用珍品。如武进村前南宋墓出土的半月形镶珠木梳，制作就十分精致。有些木梳尽管残朽了，但却留下了金制的梳背（金栉背），显出其富贵的气派。馆藏明代的梳篦实物资料同样也反映出常州精湛的制梳工艺。

中国古代金银器以精美的造型、富丽的纹饰在工艺美术史上散发出耀眼的光彩。黄金和白银在自然界中属于稀有的贵金属，具有很高的经济价值。中国最早的金银器可以追溯到1976年在甘肃玉门火烧沟发现的四坝文化（距今3900~3400年）金、银质地的耳环和鼻环。常州博物馆收藏的金银器也颇具特色，既有战国时期楚国的货币郢爰，又有南宋时期铸有商铺、工匠名号和"出门税"字样的金牌、银锭等反映古代金融、税收方面的实物资料，还有日常生活中使用的金银饰品。1978年金坛茅山公社出土了29块金牌，尺寸、重量基本相同，铸有"出门税"、"王周铺"、"行在周宅赤"、"十分（赤）金"等字，同时出土的银锭上也有"出门税"等字样。从出门税的字面理解，应为向出入境过客收取的商品货物税，"出门税"金牌和银锭是南宋时期行商纳税的见证，为我们研究古代社会税务征稽史，提供了直观可靠的实物资料。

宋元明清时期，随着商品经济的发展，金银器从皇亲国戚、权臣贵富专享的奢侈品逐渐走向世俗化、商品化，成为市民阶层也能享用的物品。武进村前蒋塘出土的金连戒、金镯、金栉背和常州北环新村出土的金球银

发簪、金耳坠，是不可多得的宋代的金银饰品，其造型与纹饰反映了宋代素雅的艺术风格。

明代金银器工艺精细，金银器制作大量使用了镶嵌、累丝、锤镍、焊接、铆接、錾花、鎏金、抛光等工艺。金银器装饰纹样十分繁密，大多数纹饰按照器物造型构图，将器形与纹饰结合成完美和谐的整体。馆藏明代金银饰品种类有装饰在妇女"花冠"上的花形金饰件，有梳挽发髻用的簪、钗，有耳上佩戴的耳环、耳坠，有手和腕上戴的戒指、手镯以及带饰和扣饰等。其中金蛙嵌玛瑙银簪和螳螂嵌宝石金簪格外玲珑精致，虽是妇女头面上的小插件，但却浓淡随意，俊俏可人。武进都家塘明墓出土的龙纹金带扣和挂饰，做工精致灵巧，使用了模铸、累丝、錾刻等工艺。游龙弯曲转折于寿山福海之上，生动传神，富丽堂皇，充分体现出明代金器制作的水平。

1987年11月在常州市人民公园花木商店基建工地出土了364件银器，有头饰、手饰和杂件等，镂刻精细，种类繁多。在一些手镯里圈打印有"懋大"、"裕大"、"恒义"、"仁泰"、"新和泰"等戳记，据考证均为清末民初常州比较有名的银楼名号。这批银器的发现为研究常州近代的手工业、商业和金融业，提供了宝贵的实物资料。

华夏文明源远流长，博大精深，漆木器和金银器是这条文明长河中璀璨夺目的明珠。在编辑出版常州博物馆50周年典藏丛书时，我们撷取部分馆藏漆木器和金银器编缀成册，以飨读者。

漆木器

喇叭形漆器
Flared Lacquered Object

新石器时代马家浜文化（前4500～前3900年）
Neolithic Majiabang culture (ca. 4500BC–3900BC)
高6厘米　最大径10.7厘米
1976年江苏常州圩墩遗址出土

◎上端稍细，下呈喇叭状，内空，有烧灼痕迹，器表涂有黑色涂料，出土时仍有光泽，直观上与现代漆没有差别。它是继河姆渡文化时期漆器后中国最早的漆器。

木橹
Wooden Scull

新石器时代马家浜文化（前4500～前3900年）
Neolithic Majiabang culture (ca. 4500BC–3900BC)
长120厘米　最宽18厘米
1981年江苏常州圩墩遗址出土

◎由较粗大的原木砍削加工而成，橹背面斜削，至橹尾渐薄，橹把与橹面结合处保留宽约4厘米的原木圆体。在两边对应处开凿一长方形凹坑。从其外形结构来看，与现代木橹基本相似，说明在距今6000年左右的马家浜文化时期，常州地区的先民已经掌握了较为先进的水上交通技术。因其填补了国内同时代这方面实物资料的空白，被誉为"天下第一橹"。

漆木器

木桨
Wooden Oar
新石器时代马家浜文化（前4500~前3900年）
Neolithic Majiabang culture (ca. 4500BC–3900BC)
通长74厘米　桨面长27.2厘米　残宽6.4厘米
1981年江苏常州圩墩遗址出土

◎此桨与木橹同出于圩墩遗址，由一整块原木砍削加工而成。桨叶与桨杆一体，桨叶扁平有缺损，桨杆呈扁圆柱体以方便手持，不易滑动，桨杆靠近把手处有阴刻线两条，疑为系绳之用，把手呈三角形，中间掏空。此桨短小精悍，实用价值颇高，已与现代桨无异。

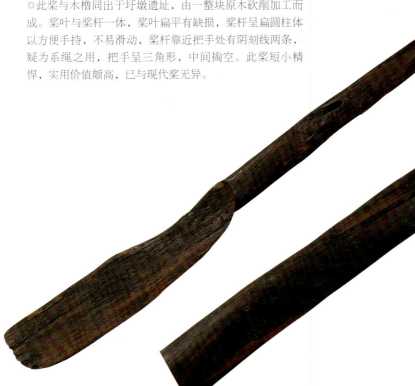

木插销（2件）
Wooden Bolts
新石器时代崧泽文化（前3900~前3300年）
Neolithic Songze culture (ca. 3900BC–3300BC)
长6.8厘米　宽3.7厘米　厚1厘米
长6.2厘米　宽3.2厘米　厚1厘米　孔径1厘米
1985年江苏常州圩墩遗址出土

◎这两件长方形插销，应为某种器具上的组件。一件经过刮削，一头较厚，类似榫头；一件中有穿孔。

"万寿常住"漆碗
Lacquered Bowl with the Inscription "Wan Shou Chang Zhu
万寿常住" (Longevity)
北宋（960~1127年）
Northern Song period (960–1127)
高10厘米　口径15.8厘米　底径8厘米
1982年江苏常州纱厂工地出土

◎木胎。造型为六瓣荷花形，直口，深腹，高圈足，碗外
髹黑漆，内为赭色漆，朴实而不失雅致。碗的外壁朱书
"万寿常住"和"戊戌"六字。此碗应是一件祝寿碗。
"戊戌"当是年款，可能是宋真宗咸平元年（998年），
最迟不应晚于宋仁宗嘉佑三年（1058年）。

漆木器

花瓣式漆盒
Petal-shaped Lacquered Box

北宋（960~1127年）
Northern Song period (960-1127)

通高8.5厘米　口径12.4厘米　底径9.4厘米

◎木胎。造型为扁圆六瓣花形。盖与盒身以子母口扣合，下附假圈足。器身表面髹黑漆，至今仍光亮可鉴。

葵口黑漆盆
Black-lacquered Basin with a Lobed Rim
北宋（960~1129年）
Northern Song period (960–1127)
高7.5厘米　口径17.8厘米　底径16.8厘米

◎木胎。口沿处呈六瓣花形，直腹。内外髹黑漆。外侧腹部及近底处各有一道竹箍，盆身为木块拼合，再用竹篾作箍。这种制作工艺属木作中的箍桶法，与漆作分属两种行业。

漆盆
Lacquered Basin
北宋（960~1129年）
Northern Song period (960–1127)
高5.6厘米　口径11.5厘米　底径8.8厘米

◎木胎。直口，直腹，外侧腹部及近底处各有一道竹箍，由露胎处可见此盆制作方法是用木块拼合，再用竹篾作箍。内外皆髹褐色漆。

漆木器

黑漆唾壶
Black-lacquered Spittoon
宋（960~1279年）
Song period (960-1279)
高10.5厘米　盘口径20.5厘米　底径6.3厘米
1976年江苏常州武进区村前蒋塘宋墓出土

◎木胎，口部宽边及腹部用窄条薄木片圈叠成胎。大敞
口，束颈，圆鼓腹，浅圈足。通体髹黑漆，漆灰较坚，器
身轻巧。属当时做工考究的生活日用品。

花瓣式黑漆奁
Petal-shaped Black-lacquered Toilet Box
宋（960~1279年）
Song period (960-1279)
通高22厘米　直径21.1厘米
1976年江苏常州武进区村前蒋塘宋墓出土

○木胎。奁体呈八瓣花形，筒状。内外皆髹黑漆。奁体自上而下分为盖、盘、中、底四层。第三层内有一对朱漆浅盘，拼接成太极形。器盖上有发散状的残存麻布，为麻布包裹奁体，经过长期腐化而留下的痕迹。此奁器形规整，设计精巧，是艺术性与实用性的完美结合，凸显宋代高超的漆器制作工艺。

漆木器

"常州"铭花瓣式黑漆碗
Petal-shaped Black-lacquered Bowl with the Inscription
"Chang Zhou 常州"
宋（960～1279年）
Song period (960–1279)
高10厘米　口径19厘米　底径10厘米
1984年江苏常州清潭体育场工地出土

◎木胎。直口，深腹，圈足宽大，口沿为十瓣花形，器形规整大方。内外髹黑漆，腹外壁朱书"常州嵇嗣上牢"六字，旁有小字"甲戌"年款。

漆木器

葵口朱漆盆

Red-lacquered Basin with a Lobed Rim

宋（960~1279年）

Song period (960–1279)

高5.5厘米　口径13厘米　底径12.3厘米

◎木胎。口沿处呈六瓣花形，直腹。外侧腹部及近底处各有一道竹箍，箍上髹褐色漆，其余部分髹朱漆，色彩亮丽。

漆盆

Lacquered Basin

宋（960~1279年）

Song period (960–1279)

高5.9厘米　口径15.2厘米　底径14.4厘米

◎木胎。直口，直腹，外侧腹部及近底处各有一道竹箍，通体髹浅褐色漆。

漆盒（2件）
Lacquered Boxes

宋（960~1279年）
Song period (960–1279)

高6厘米　直径6.3厘米
1976年江苏常州武进区村前蒋塘宋墓出土

◎木胎。圆筒形，子母口，器形规整，朴素大方，内外均髹深褐色漆，漆面光洁亮丽。

漆木器

花瓣式平底漆盘
Petal-shaped Lacquered Dish with a Flat Bottom
宋（960~1279年）
Song period (960–1279)
高3.1厘米　口径16厘米　底径10.5厘米

◎木胎。胎质轻薄，十瓣花形口沿，平底，器形如盛开之
莲花。内外均髹红褐色漆。

朱漆发插
Red-lacquered Hair Ornament
宋（960~1279年）
Song period (960–1279)
长11.7厘米　宽1.9厘米
1979年江苏常州武进区村前蒋塘宋墓出土

◎木胎。通体髹朱漆。发插呈圆弧面，扁平长条形，插顶
透雕"卍"字纹，下列八个长齿。作为妇女发饰，漆器制
品以往出土较少，因此这件发插具有较高的文物价值。

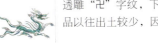

毛笔
Writing Brush
宋（960~1279年）
Song period (960–1279)
笔长16.1厘米　笔头长3.8厘米　笔帽长11.6厘米
2006年江苏常州常宝钢管厂宋墓出土

◎笔杆、笔帽为竹管制作，狼毫笔头，接入笔杆的一端用丝织物包裹。这件毛笔保存几近完美。

毛笔
Writing Brush
南宋（1127~1279年）
Southern Song period (1127–1279)
通长26.5厘米
1978年江苏常州武进区村前蒋塘南宋墓出土

◎文房四宝之一的毛笔出土实物较少。这件毛笔保存比较完整，笔杆、笔帽用竹管制作，笔头用细丝捻成，相当罕见，笔头接入笔杆的一端用丝带包裹，便于更换。

漆木器

半月形包金木梳
Semilunar Gold-covered Wooden Comb
宋（960~1279年）
Song period (960–1279)
长9厘米　宽4厘米
1978年江苏常州武进区礼河宋墓出土

◎黄杨木质。半月形，梳齿细密，梳背用金箔镶包，寻常之物却显出富贵气派。

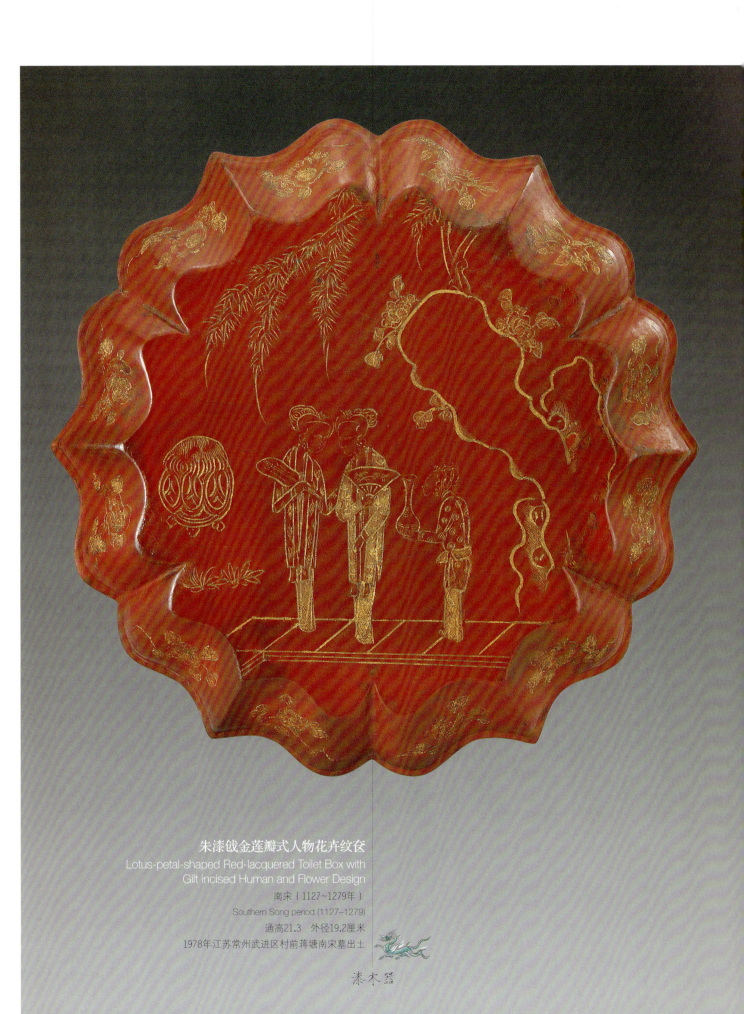

朱漆戗金莲瓣式人物花卉纹奁
Lotus-petal-shaped Red-lacquered Toilet Box with
Gilt incised Human and Flower Design
南宋（1127~1279年）
Southern Song period (1127–1279)
通高21.3 外径19.2厘米
1978年江苏常州武进区村前蒋塘南宋墓出土

漆木器

◎木胎。六出莲瓣筒形，分盖、盘、中、底四层，浅圈足，合口处镶银扣。外髹朱漆，内髹黑漆。盖面为戗金仕女消夏图，描绘二主一仆在石径上漫步。二主人梳高髻，着襦裙背子、花罗直领对襟衫，长裙曳地，一持折扇，一抱团扇，挽臂喁喁私语；侍女手捧玉壶春瓶恭立一旁。左侧放一绣墩，四周以假山、草木、花卉加以点缀，突出了时令气息。器壁以同样工艺饰牡丹、莲花、梅花、芙蓉等六组折枝花。盒内朱书"温州新河金念五郎上牢"十字。

漆木器

花瓣式漆奁
Petal-shaped Lacquered Toilet Box

南宋（1127~1279年）
Southern Song period (1127–1279)
通高31.5厘米　外径23.2厘米
1974年江苏常州武进区成章南宋墓出土

◎木胎。奁体为八瓣花形，筒状，自上而下为盖、盘、中、底四层。器外通体髹褐色漆，内髹黑漆。器形规整大方，具有较强的艺术韵味，在同类器中有一定的代表性。

黑漆戗金细钩填柳塘纹长方盒
Rectangular Lacquered Box with Gilt Fine-incised
Landscape on a Black Ground
南宋（1127~1279年）
Southern Song period (1127–1279)
通高11厘米 长15.4厘米 宽8.3厘米
1978年江苏常州武进区村前塘南宋墓出土

◎木胎。长方形，子母口，口内套一黑漆浅盘。器身黑漆
地，细钩戗金，盒盖面为一幅柳塘小景图，远近虚实结
合，布局均衡。盒盖四周及立墙细刻山茶、牡丹、菊花、
梅花等四季花卉纹。在纹饰空隙处采用攒犀技法，錾出许
多圆形小孔，内填朱漆加以磨光。盒盖内朱书"庚申温州
丁字桥巷解七叔上牢"十三字。此盒制作工艺考究，整个
器身满布纹饰，别具一格，是两宋漆器中难得的珍品。

漆木器

漆木器

朱漆戗金人物花卉纹长方盒
Rectangular Red-lacquered Box with Gilt Incised
Human and Flower Design
南宋（1127~1279年）
Southern Song period (1127–1279)
通高11.6厘米　长15.2厘米　宽8.1厘米
1978年江苏常州武进区村前蒋塘南宋墓出土

◎木胎。长方形，子母口，口内套一浅盘。髹漆内黑外
朱，细钩戗金为纹。盖面描绘一山间老者袒腹荷杖，杖头
挂一串钱，远处一茅屋好似酒家。构图、意境和技法颇具
宋代绘画风格，寓取《晋书·阮修传》："常步行，以百
钱挂杖头，至酒店便独酣畅"句意。盒四周细钩牡丹、茶
花、芍药、栀子纹。盖内朱书"丁酉温州五马钟念二郎上
牢"十二字。

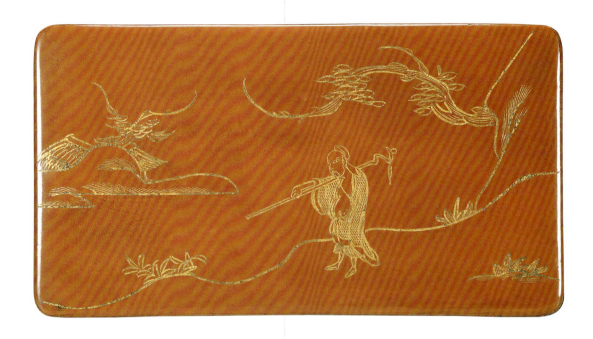

漆木器

剔犀执镜盒

Black-lacquered Handled Mirror Box with Carved Design

南宋（1127~1279年）

Southern Song period (1127–1279)

通高3.4厘米　长27.3厘米　盒外径16厘米

1978年江苏常州武进区村前蒋塘南宋墓出土

◎木胎。出土时内置双鱼纹执镜一面，镜盒造型随执镜形状。盒面、柄部及周缘雕八组云纹图案，堆漆肥厚致密，运刀圆润，藏锋回旋。此器采用剔犀技法，表面髹黑漆，盒里为黄色漆，断面呈现朱、黄、黑三色更叠，是三色漆剔犀的实例。

漆托盏

Lacquered Cup and Saucer

南宋（1127~1279年）

Southern Song period (1127–1279)

高6厘米　盏口径7.8厘米　托口径13.5厘米　底径6.4厘米

1982年江苏常州武进区村前蒋塘南宋墓出土

◎木胎。盏为圆形，与六瓣葵花形托相连。外髹朱漆，内髹黑漆，素面光洁细腻。是当时典型的精美茶器。

黑漆洗

Black-lacquered Washer

南宋（1127~1279年）

Southern Song period (1127–1279)

高7.3厘米　口径27.2厘米　底径19.5厘米

1974年江苏常州武进区成章南宋墓出土

◎木胎。敞口，口沿突出唇边，浅腹微鼓，大假圈足。内外均髹黑漆。器形朴素大方，胎体坚固，漆面至今光亮如新。

银扣漆盒（3件）

Lacquered Boxes with a Silver-covered Rim

南宋（1127~1279年）

Southern Song period (1127–1279)

高3.7厘米　直径7.5厘米

1978年江苏常州武进区村前蒋塘南宋墓出土

◎此盒一套三件，于村前南宋墓漆奁中出土。盒呈矮圆筒形，内外皆髹褐色漆，盖与盒身以子母口扣合，子母口均包银。器形规整，制作精致。

漆木器

花瓣式漆盘

Petal-shaped Lacquered Dish

南宋（1127~1279年）

Southern Song period (1127–1279)

高4.5厘米　口径23.5厘米　底径16.5厘米

1983年江苏常州丽华新村工地出土

◎木胎。敞口，盘壁为二十八瓣花形，平底，造型寓实用性与欣赏性于一体。内髹黑漆，外髹赭色漆，漆层较厚，光润匀和。盘内底朱书"湖州西王上三"六字。

漆托盏

Lacquered Cup and Saucer

南宋（1127~1279年）

Southern Song period (1127–1279)

高4.5厘米　盏口径6.5厘米　托口径12厘米　底径5.7厘米

1982年江苏常州武进区村前庄桥头南宋墓出土

◎木胎。上为敛口小盏，中为圆形托盘，下为圈足。周身髹深褐色漆。造型于凝重中不失清丽，与宋代瓷质托盏造型相似。

木桌
Wooden Table

南宋（1127~1279年）
Southern Song period (1127–1279)

高22厘米　桌面长27.5厘米　宽23厘米
1978年江苏常州武进区村前蒋塘南宋墓出土

◎桌面长方形，白坯无漆，圆柱形腿，腿上端出榫，顺枨
一，横枨二。出土时桌面上有明显的安放锡明器的器底痕
迹，应作为供桌使用。作为一件随葬明器，这件长方桌是
当时实用家具按比例的缩小，体现了南宋木制家具的制作
工艺与形制，是研究中国古代家具发展史的极好佐证。

漆木器

木椅
Wooden Chair
南宋（1127~1279年）
Southern Song period (1127–1279)
高30.4厘米
1978年江苏常州武进区村前蒋塘南宋墓出土

◎白坯无漆，后背较宽且直，搭脑出头较长，靠背板略弧，椅座采用"步步高"赶枨，即踏脚枨最低，两侧稍高，后枨最高。作为随葬明器木椅与木桌同时出土，配套成组，反应了南宋木制家具的实际使用情况。

竹柄丝刷（2件）
Silk-made Brushes with Bamboo Handles
南宋（1127~1279年）
Southern Song period (1127–1279)
长12.4厘米　宽1.2厘米
长10.8厘米　宽1.1厘米
1978年江苏常州武进区村前蒋塘南宋墓出土

◎刷柄为竹质，刷毛为丝织品。刷毛用细线穿孔捆绑于刷柄上。其中一件柄端修成斜刃，可作剔子使用。这两件丝刷出土时置于朱漆戗金莲瓣式人物花卉纹奁内，一同出土的还有梳篦、竹剔子、粉盒等梳妆用器，应为修饰仪表时所用洁具。

黑漆刻花竹毛刷
Black-lacquered Bamboo Brush with Carved Design
南宋（1127~1279年）
Southern Song period (1127–1279)
长14.8厘米　宽2厘米
1978年江苏常州武进区村前蒋塘南宋墓出土

◎竹质。长方形，周身髹黑漆，刷柄部位浅刻花卉纹，刷毛三列八行共二十四束，毛束为黑色猪鬃。这件毛刷与大量梳妆用器一同出土，应为修饰仪表时所用洁具。

漆木器

木卷轴
Wooden Axle for Painting Scroll
南宋（1127~1279年）
Southern Song period (1127–1279)
长29厘米
1978年江苏常州武进区村前蒋塘南宋墓出土

◎卷轴为木质，圆柱形，两端镶嵌玉质构件，玉件温润色
白，出土时已有斑驳沁痕。卷轴在出土文物中极为罕见，
是研究中国古代书画用品不可多得之物。

半月形镶珠木梳
Semilunar Wooden Comb Inlaid with Pearls
南宋（1127~1279年）
Southern Song period (1127–1279)
长9.2厘米　宽4.1厘米
1978年江苏常州武进区村前蒋塘南宋墓出土

◎黄杨木质。半月形，梳齿紧密，环梳背镶一排细小珍珠，制作工艺精湛。

竹篦
Bamboo Comb with Double Edges and Fine Teeth
南宋（1127~1279年）
Southern Song period (1127–1279)
长8.4厘米　宽4.9厘米
1976年江苏常州武进区村前蒋塘南宋墓出土

◎竹质，属双齿篦类。两面单排齿，齿细而密集，篦齿两端均应有档子，现仅存其一。篦子中间由两片竹质篦梁将篦齿及篦档夹住，辅以棉线捆绑。

漆木器

竹剔子（4件）
Small-sized Bamboo Picking Tools
南宋（1127~1279年）
Southern Song period (1127–1279)
长9.2~15厘米
1976年江苏常州武进区村前蒋塘南宋墓出土

◎这四件剔子为竹质，分为两种不同形制。一种一头较宽一头尖锐，另一种两端较宽，修薄呈斜刃。这些剔子与梳篦、粉盒、铜镜等同置于漆奁之内，应为清洁修饰容貌时所用的辅助工具。

八思巴文漆碗

Lacquered Bowl with Phagspa Script

元（1271~1368年）

Yuan period (1271–1368)

高8厘米　口径16.5厘米　底径7.5厘米

1976年江苏常州武进区卜弋元墓出土

◎木胎。侈口，深腹，圈足，造型稳重朴实。内外髹赭色漆，口缘一周及圈足底髹黑漆，圈足内用朱漆书八思巴文"陈"字。

漆木器

八思巴文漆碗
Lacquered Bowl with Phagspa Script

元（1271~1368年）

Yuan period (1271–1368)

高8.4厘米　口径19.6厘米　底径8.4厘米

1976年江苏常州武进区卜弋元墓出土

◎木胎。口微敛，弧腹，圈足，造型稳重朴实。内外髹暗黄色漆，口缘及底以黑漆镶边，圈足内朱书八思巴文"陈"字。

黑漆碗
Black-lacquered Bowl

元（1271~1368年）

Yuan period (1271–1368)

高5厘米　口径15.5厘米　底径10.5厘米

1981年江苏常州武进区礼河元墓出土

◎木胎。直口，浅腹微折，平底，造型优美。内外皆髹黑漆，漆面光亮。碗外壁有朱书"辛卯湖州苏上"六字。

木筷

Wooden Chopsticks

元（1271~1368年）

Yuan period (1271–1368)

长27.2厘米

1976年江苏常州武进区卜弋元墓出土

◎楠木制作。圆柱形，一头稍粗。保存完美，制作精细。

木勺

Wooden Spoon

元（1271~1368年）

Yuan period (1271–1368)

长22厘米

1976年江苏常州武进区卜弋元墓出土

◎楠木质。勺柄微弧，勺头扁弧形。保存完美，制作精
细，用料考究，是研究元代饮食用具的难得实物佐证。

漆木器

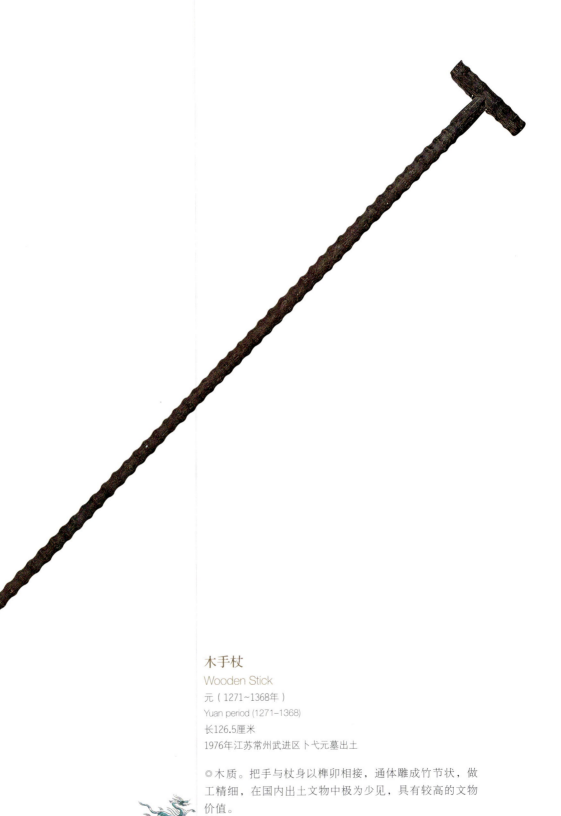

木手杖

Wooden Stick

元（1271~1368年）

Yuan period (1271–1368)

长126.5厘米

1976年江苏常州武进区卜弋元墓出土

◎木质。把手与杖身以榫卯相接，通体雕成竹节状，做工精细，在国内出土文物中极为少见，具有较高的文物价值。

雕花漆杯

Lacquered Cup with Carved Design

明（1368~1644年）

Ming period (1368–1644)

高8厘米

◎竹质。依竹子根部形状雕刻而成，虽不规整，却自然成趣。杯外壁浮雕松树，刻画细腻。杯内外均髹漆，惜大部脱落。此杯虽髹漆工艺较为简单，但造型生动活泼，堪称佳作。

漆木器

透雕白鹇纹木带銙
Wooden Belt-ornaments with Openwork
Silver Pheasant Design
明（1368~1644年）
Ming period (1368–1644)
长方形銙长7.9厘米　宽6.1厘米
铊尾长8.9厘米　宽6.1厘米厘米
辅弼长6.1厘米　宽2.4厘米
桃形銙长6.4厘米
2004年江苏常州广成路毕宗贤墓出土

◎此带銙一套20件，包括长方形銙8件，铊尾2件，桃形銙
6件，辅弼4件。枣木质。辅弼透雕云头灵芝，其余带銙透
雕牡丹白鹇纹，做工精细，为腰带上装饰之用。所雕白鹇
纹在明代是五品文官的标志。

包银木盅
Wooden Cup Covered in Silver
明（1368～1644年）
Ming period (1368–1644)
高4.5厘米　口径5.3厘米　底径2.6厘米

◎侈口，深腹，小圈足，口沿、内胆和圈足为银制，外壁为木质。口沿、内胆一体，木质外壁由口沿和圈足紧紧扣合。

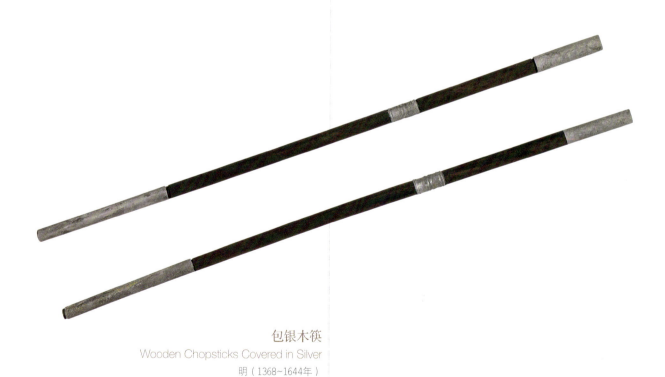

包银木筷
Wooden Chopsticks Covered in Silver
明（1368～1644年）
Ming period (1368–1644)
长21.4厘米
2006年江苏常州采菱路明墓出土

◎楠木质。圆柱体，在头、中、尾部分别包嵌银皮，中部银皮有三组凹弦纹，制作工艺精良。

漆木器

木梳（2件）

Wooden Combs

明（1368~1644年）

Ming period (1368–1644)

长9.8厘米　宽4.2厘米

长9.8厘米　宽3.6厘米

1983年江苏常州五星街道明墓出土

◎这两件木梳均为黄杨木质。梳背弧形，梳齿细密，周身经过细致打磨，非常光滑。虽造型朴实无华，但用料坚韧细密，结实耐用。

木篦
Wooden Comb with Double Edges and Fine Teeth
明（1368~1644年）
Ming period (1368-1644)
长10.1厘米　宽5.5厘米
1976年江苏常州武进区礼嘉明墓出土

◎黄杨木质。篦梁、篦档与篦齿用一块木料削刻而成，篦齿细密，周身打磨，做工细致。

漆木器

金银器

郢爰金币

Ying Yuan Gold Coin

战国（前465~前221年）

Warring States period (465BC–221BC)

长3.5厘米　宽2.5厘米　厚0.3厘米　重64克

1977年江苏常州跃进新村基建工地出土

◎金质。略近长方形，面钤阴文"郢爰"五印，上二下三排列，背无纹，稍显不平。下部有一明显切痕延至右侧，使其中一印部分缺损。这种楚国金币为常州地区所罕见。

金银器

金耳坠（2件）
Gold Earrings
宋（960~1279年）
Song period (960–1279)
长3.4厘米　最宽0.8厘米　重4.2克
1986年江苏常州北环工地宋墓出土

◎金质，色金黄。坠部呈柳叶状，采用锤镍、錾刻工艺在其上饰六朵梅花。

金栉背
Gold Back of a Comb
南宋（1127~1279年）
Southern Song period (1127–1279)
长12.3厘米　最宽2.1厘米　重20克
1976年江苏常州武进区村前蒋塘宋墓出土

◎金质。呈弧形，纹饰分为上下两部分，上端錾刻莲花、向日葵、牡丹、梅花相连，下端錾刻竹节纹，分二十四节。金栉背是古代妇女所用木梳背上的镶嵌物。

金牌（29件）

Gold Plaques

南宋（1127~1279年）

Southern Song period (1127-1279)

每件约长1.7厘米　宽0.9厘米　厚0.1厘米　重约4克

1978年江苏金坛茅山窖藏出土

◎金质。长方形，金牌上铸有"出门税"、"王周铺"、"行在周宅赤"、"十分（赤）金"等字。这些文字代表着金银铺名、金银铺店主名或工匠名以及成色、重量、用途等，"出门税"就是指的用途，应该是南宋政府向行商征收的税项之一。这批金牌的发现，是南宋经济税制的重要实证，具有较高的研究价值。

金银器

银锭（3件）
Silver Ingots
南宋（1127~1279年）
Southern Song period (1127–1279)
长7~8.5厘米　两端宽5~5.8厘米　中宽3.3~4.1厘米
厚0.8~1.2厘米　重235.5~487.5克
1978年江苏金坛茅山窖藏出土

◎银质。两头宽，中间窄，正面四角刻有"出门税"，有
些还有"王周铺"字样；背面有蜂窝状眼。与金牌同时出
土，用途也相同。

金连戒
Spiral Finger-ring in Gold
南宋（1127~1279年）
Southern Song period (1127–1279)
弯长3厘米　重6克
1976年江苏常州武进区村前蒋塘宋墓出土

◎金质。用锤镍扁平的细长金条弯制成螺旋状，共盘七圈，两端用金丝编成环套，以调节松紧，素面无纹。

金镯（2件）
Gold Bracelets
南宋（1127~1279年）
Southern Song period (1127–1279)
宽2.7厘米　径6.2厘米　重74.4克
1976年江苏常州武进区村前蒋塘宋墓出土

◎金质。一端开口，镯面宽扁，錾压出三道凹棱，素面无纹。

金银器

金球银簪
Silver Hairpin with a Ball-shaped Gold Head
南宋（1127~1279年）
Southern Song period (1127–1279)
通长18.2厘米　金球重14.6　银杆重12克
1986年江苏常州北环工地宋墓出土

◎簪首金质，呈球状，下部为莲瓣纹，中部为两只飞凤，飞凤周围为云气纹，底部正中有一插孔。金球中空，内为木质芯。簪杆银质，呈针状。

牡丹纹金簪
Gold Hairpin with Peony Design
明（1368~1644年）
Ming period (1368–1644)
长17.5厘米　重40.8克
1970年江苏常州王家村出土

◎金质。簪首锤镍成椭圆形，中间饰含苞的牡丹，两旁用
细密的针眼纹錾出缠枝卷草纹，牡丹花瓣突起，花瓣上錾
刻短直线纹。簪杆扁平略凹。

金银器

金蛙嵌玛瑙银簪（2件）
Silver Hairpin with an Agate Head Decorated with a Gold Frog
明（1368~1644年）
Ming period (1368–1644)
通长10厘米　簪首长2.8厘米　宽3.4厘米　重25克
1965年江苏常州和平新村明墓出土

◎簪首呈椭圆形，由金片打成底盘，包着荷叶状的白色玛瑙，荷叶上伏一金蛙，蛙体中空。簪杆银质，呈扁平状，一端攒尖，银杆焊在簪首的背部。发簪制作工艺精细，造型生动传神，尤其是金蛙栩栩如生，仿佛紧盯着猎物，下一刻就要跃起捕食。

梵文金簪
Gold Hairpin with Sanskrit Script
明（1368～1644年）
Ming period (1368–1644)
通长12厘米　宽5.8厘米　重31克
1970年江苏常州王家村出土

◎金质。簪首用薄金片制成，上端为日月、火焰图案，中
间为一镂空梵文，下以联珠纹和莲花瓣作边饰。簪杆为银
质，固定于簪首背面。这件发簪具有浓郁的宗教色彩。

葫芦形金耳坠（4件）
Gourd-shaped Earrings in Gold
明（1368~1644年）
Ming period (1368–1644)
长约7厘米　重9.4克
1970年江苏常州王家村出土

◎金质。共出土两对，形制基本相同。耳坠均作瓜楞形葫芦，以锤镞、模压、錾花、焊接等工艺制成。葫芦空心。其中一对上端为一片荷叶，连接有四片蕉叶。另一对底部作钱纹，有一孔，上端为顶部有小金珠的五片蕉叶。

堆云纹金簪（2件）

Gold Hairpins with Raised Cloud Design

明（1368~1644年）

Ming period (1368–1644)

长12.5厘米　重48克

1970年江苏常州王家村出土

◎簪首金质，用锤镍、錾刻、镂孔等工艺制成朵朵祥云。
簪杆银质，扁平，一头攒尖。

金银器

凤凰缠枝花纹金饰件

Gold Ornament with Interlaced Phoenix and
Flower Design

明（1368~1644年）

Ming period (1368–1644)

长13厘米　最宽处3.9厘米　重25克

1970年江苏常州王家村出土

◎金质。饰件呈弧形，中间宽，两端窄。中心錾刻怒放的
牡丹，两旁有双凤缠绕，饰件两端各有一缠枝的含苞牡
丹。纹饰细密繁复，雍容华贵，为女子头饰。

鎏金铜带銙（6件）
Gilt Bronze Belt-ornaments
明（1368~1644年）
Ming period (1368~1644)
长方形銙长9厘米　宽5.7厘米
桃形銙径5.5厘米
1970年江苏常州王家村出土

◎铜质鎏金。出土时共有长方形銙12件、桃形銙6件、搭扣1副，磨损较为严重。带銙上用锤鍱、錾刻等工艺装饰飞凤与缠枝花卉，长方形銙上有两组飞凤与缠枝花卉，桃形銙上为一组纹饰。

金银器

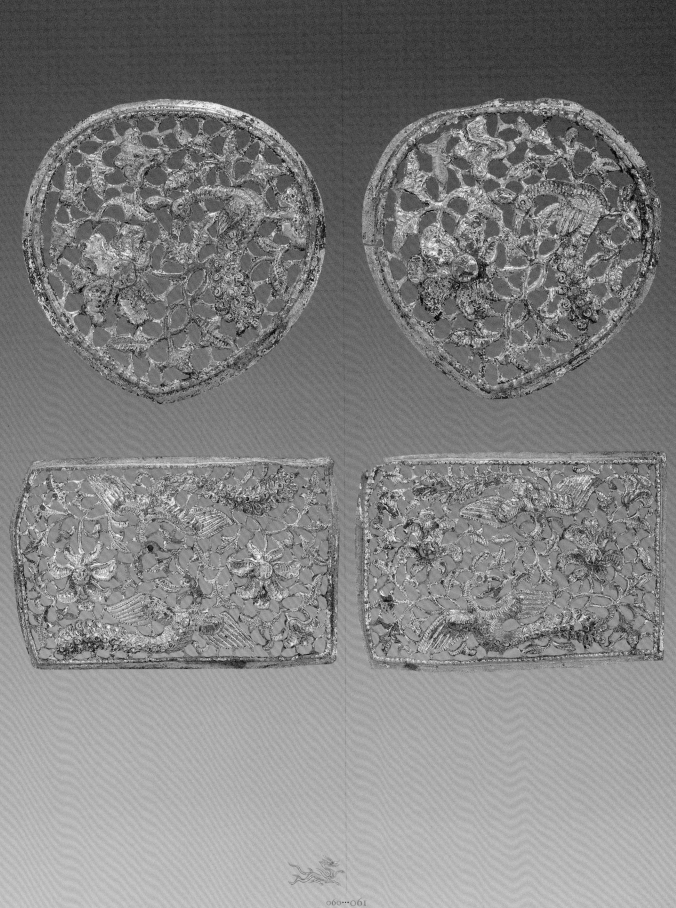

金带扣与挂饰（3件）
Gold Belt-buckle and Pendants

明（1368~1644年）

Ming period (1368–1644)

带扣通长11.2厘米　宽2.6厘米　厚1厘米　重111克

挂饰通长6.3厘米　宽4厘米　厚0.6厘米　重54克

1971年江苏常州武进区都家塘明墓出土

◎金质。带扣分为左右两部分，以榫槽式结构插接组成，
正面三个装饰面分饰金丝镶嵌龙纹，以寿山福海图案为
底纹，背面有四个长方形穿，以附着革带之用。挂饰以
同样工艺饰龙纹，下配龙首衔环。制作、安装精确到
位，活动灵便。

"天下太平"金饰件（2件）
"Tian Xia Tai Ping 天下太平"-inscribed Gold Ornaments

明（1368~1644年）
Ming period (1368–1644)

长18厘米 宽8.4厘米 重70.5克

1966年江苏常州和平新村胡长宁墓出土

◎金质。呈宝幡形，整体以细密的针眼纹錾出云气纹作地纹，外围用联珠纹装饰。上部呈莲叶形状，顶端为钱纹，以钱纹为中心向外放射数道联珠纹，两角各有联珠纹形成的云纹。下端为四分叉，中间两条分叉的上半部相连，其上有凸起的"天下太平"四字，四分叉尖端均有一小圆孔。出自纪年墓葬之中，制作工艺、材资上乘。

金饰件（2件）
Gold Ornaments
明（1368~1644年）
Ming period (1368–1644)
长13厘米　宽6.1厘米
1998年江苏常州和平新村工地明墓出土

◎金质。呈宝幡形，上端锤镞、錾刻出怒放的莲花造型，下有四分叉，中间两条分叉的上半部相连，分叉尖端均有一小圆孔，满饰錾刻细密的针眼纹表示的云气纹，外围用联珠纹装饰。

金银器

如意形金簪
Fungus shaped Hairpin in Gold

明（1368~1644年）
Ming period (1368–1644)

长15.4厘米　簪首宽2.6厘米　杆宽0.5~0.6厘米　重34.3克
1973年江苏常州红卫周家巷出土

◎金质。簪首锤鎌成如意形，中心为一"寿"字，环绕两
条透雕的螭龙纹，周围錾刻短直线纹。簪杆扁平，一头攒
尖，簪杆上半段和尖端錾刻有花草纹。

如意形金簪
Fungus shaped Hairpin in Gold

明（1368~1644年）
Ming period (1368–1644)

长15.7厘米　重21.7克
1987年江苏常州钟楼区绿化工程出土

◎金质。簪首锤鎌成如意形，中间镶嵌蓝宝石，周围錾刻
云头纹和短直线纹。簪杆扁平，上半段刻有暗花卷草纹。
材质上乘，工艺精致。

螳螂嵌宝石金簪
Gold Hairpin with a Ruby-decorated Mantis
明（1368~1644年）
Ming period (1368-1644)
长15厘米　宽0.5厘米　宝石底座长3厘米　重34.7克
1982年江苏常州丽华新村出土

◎金质。簪首为椭圆形菊花座，镶嵌较大的蓝宝石。簪杆
扁凹形，下半段呈波浪形，上半段刻有暗花。簪杆与簪首
的结合处饰一栩栩如生的螳螂，螳螂背上嵌一颗红宝石。

金银器

佛像形金饰件
Buddha-shaped Ornament in Gold
明（1368~1644年）
Ming period (1368–1644)
通高5.5厘米　底座宽4.5厘米　重11.5克
1977年江苏常州红卫出土

◎金质。佛像面容安详，发盘成髻，双手合十，结跏趺坐
于莲花座上，着通肩大衣，满饰錾刻细密的针眼纹组成的
云朵纹。惜佛像头光残缺。

嵌宝石花形金饰件（2件）
Flower-shaped Gold Ornaments with Ruby inlay
明（1368~1644年）
Ming period (1368~1644)
长8.7厘米　高3.6厘米　重40克
1977年江苏常州红卫出土

◎金质。出土一对，方向相对。由数朵梅花、枝叶及蝴蝶、鸾鸟组成。用扁金片制托镶嵌红宝石为花心，宝石花旁伴有飞舞的凤凰，另一边为蝴蝶。花与叶缠绕，珠光宝气，相互衬托，更显光彩夺目。从饰件背后的管状插孔来看，应为冠上饰物。

金银器

梵文金簪

Gold Hairpin with Sanskrit Script

明（1368~1644年）

Ming period (1368–1644)

通长6.1厘米　簪首高5.5厘米　宽4.8厘米

2007年江苏常州钟楼区永红街道霍家村出土

◎金质。簪首用金片制成，上端为日月图案，中间为一镂空梵文，外接象征佛光的圆环，下以联珠纹和莲花瓣作边饰。簪杆扁平。具有浓郁的佛教文化特征。

金银器

"太平通宝"金钱
Gold Coin with the Legend "Tai Ping Tong Bao 太平通宝"
明（1368~1644年）
Ming period (1368~1644)
直径4.1厘米
2007年江苏常州钟楼区永红街道霍家村出土

◎金质。锤镶成圆形薄片，中有菱形孔，另有菱形和圆圈形凸棱相交，把钱面分为四个区间，每个相交处两边各有一小孔，"太平通宝"四字各占一区。

金栉背
Gold Back of a Comb
明（1368~1644年）
Ming period (1368~1644)
弯长11.4厘米　重12.9克
1987年江苏常州万福桥镇澄路出土

◎金质。呈弧形，中间宽，两头窄，仅在两边各錾刻一朵如意云纹，寓意"如意"，造型简洁大方。

佛像形银饰件
Buddha-shaped Silver Ornament
明（1368~1644年）
Ming period (1368–1644)
高2.9厘米

◎银质。为大肚弥勒佛坐像，面目慈祥，笑容可掬。坦胸，着通肩大衣，装饰细密的针眼纹组成的云头纹。佛像中空，在底座边缘等距有四对小孔，右手部位也有一小孔。

金银器

鎏金观音银簪
Gilt Silver Hairpin with a Statuette of Avalokitesvara
明（1368~1644年）
Ming period (1368–1644)
长13.7厘米
1984年江苏常州清潭工地明墓出土

◎银质。簪首鎏金，錾刻观音立于莲花座上，头戴宝冠，手持莲花。四周錾刻云彩，衣带飘飘，祥云朵朵。鎏金脱落严重，仅余少许。簪杆扁平，一头攒尖。

"福寿"纹银方盒
Square Silver Box with the Characters "Fu Shou 福寿"
(Happiness and Longevity)
明（1368~1644年）
Ming period (1368–1644)
长8.3厘米　宽8.5厘米
1998年江苏常州和平新村工地明墓出土

◎银质。长方形，抽屉式结构。一面为九宫图，正中为
"寿"字，四周为八宝图案；另一面由一圈联珠纹分成内
外两区，内区中心为"福"字，周围有六个文字，外区
为云头纹。其余面均饰有云纹。与链条的连接处装饰成
"S"形。

金银器

银霞帔坠子
Silver Pendant of Embroidered Tasseled Cape
明（1368~1644年）
Ming period (1368–1644)
高17厘米　宽9厘米
1998年江苏常州和平新村工地明墓出土

◎银质。鸡心形，由两半扣合而成，装饰镂空的飞凤与缠枝花卉，与弯钩的连接处做成叶片形。造型别致，线条流畅，飞凤生动。原有鎏金，基本已脱落。

金银器

银字（4件）
Silver Characters
民国（1912~1949年）
Republican period (1912–1949)
高4厘米　宽3.5厘米　重6克
1987年江苏常州人民公园花木商店基建工地出土

◎银质。造型成"福"、"寿"、"康"、"宁"四字，
笔画上均饰有折枝花卉纹，正中有一老人像，背面内凹。
"福"字上的老人直立，"寿"字上的老人持杖而立，
"康"字上的老人手持拂尘搭于肩上，"宁"字上的老
人坐于鼓凳上。用于婴幼儿佩戴，意有辟邪、驱风之用。

银饰件（2件）

Silver Ornaments

民国（1912~1949年）

Republican period (1912–1949)

高1厘米　长5厘米　重41克

1987年江苏常州人民公园花木商店基建工地出土

◎银质。中间为圆形凸起，凸起上有五道弦纹，一柄如意与一支毛笔交叉粘于中心，两边呈云朵状，其上饰有折枝花卉纹及"福"、"寿"字样，背面内凹。应是帽上的装饰物。

缠枝如意形银饰件（2件）
Fungus shaped Silver Ornaments with Interlaced Flower Design
民国（1912~1949年）
Republican period (1912–1949)
宽5.2厘米　重7.5克
1987年江苏常州人民公园花木商店基建工地出土

◎银质。呈如意形，錾刻有镂空的缠枝花卉纹，背面内凹，应是缀在帽上作装饰之用。

吉祥语银饰件（4件）

Silver Ornaments with Auspicious Words

民国（1912~1949年）

Republican period (1912-1949)

高3.5厘米　宽2.6厘米　重32克

1987年江苏常州人民公园花木商店基建工地出土

◎银质。锤镍成花形，上端饰狐狸与葡萄，下端均錾刻有
一字，分别为"长"、"命"、"富"、"贵"。背面内
凹，是缀在帽上作装饰之用。

带铃银手镯（5件）
Silver Bracelets with Small Bells

民国（1912~1949年）
Republican period (1912–1949)
直径4.2~5.2厘米　重约38克
1987年江苏常州人民公园花木商店基建工地出土

◎银质。呈不规则的圆形，每件均用银丝编成两处环套，以控制松紧。大的系有五个小响铃，小的系有三个小响铃，响铃铜质。其尺寸较小，应是婴幼儿所佩。

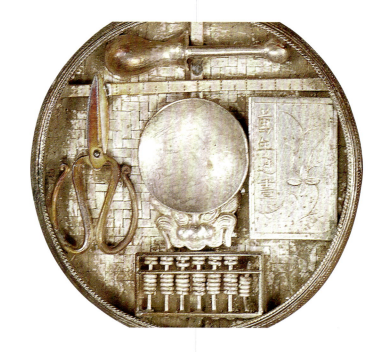

银筛镜（2件）
Round-sieve-shaped Magic Pendants in Silver
民国（1912~1949年）
Republican period (1912–1949)
直径4.4厘米　重39克
1987年江苏常州人民公园花木商店基建工地出土

◎银质。呈圆筛形，又称抓周器。上下两侧附捉环，背面嵌有万年通书、秤、剪刀、算盘等物，制作精细。婴幼儿挂在腰间辟邪用。旧时风俗，小孩周岁时，就将剪刀、算盘、秤、通书等放在筛子里，每样东西代表一个行业，让小孩去抓，以预测孩子的未来。这一挂饰是旧时抓周习俗的形象写照。

金银器

银百家锁（2件）

Magic Pendants in Silver

民国（1912～1949年）

Republican period (1912–1949)

高4.3厘米　宽5.2厘米　重46克

1987年江苏常州人民公园花木商店基建工地出土

◎银质。较大的银锁一面有"百家锁"三字，一面为老人像；较小的银锁一面有"五福"二字，一面为一人在石上书写。文字与图案周围均錾刻缠绕的枝叶。锁的侧面有钥匙孔。旧时婴幼儿佩戴于胸前，用以辟邪、驱风。

绞丝银镯（2件）
Three-strand-twined Silver Bracelets
民国（1912~1949年）
Republican period (1912–1949)
直径约3.8厘米　宽0.6厘米　重17克
1987年江苏常州人民公园花木商店基建工地出土

◎银质。一端开口，镯面扁平，通体为绞丝纹，绞丝分为
三股，中间一股为联珠状。

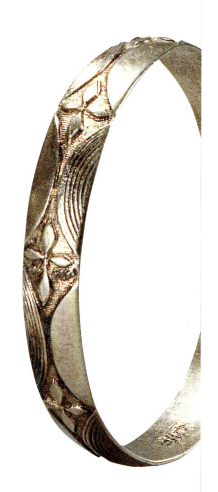

"仁泰" 铭银镯（2件）
"Ren Tai 仁泰"-inscribed Silver Bracelets
民国（1912~1949年）
Republican period (1912–1949)
直径3.8厘米　宽0.7厘米　重14.5克

◎银质。一端开口，镯面扁平微弧，錾刻菱形开光装饰
纹。背面平直，有"仁泰"戳记。"仁泰"为民国时常州
的银楼名。

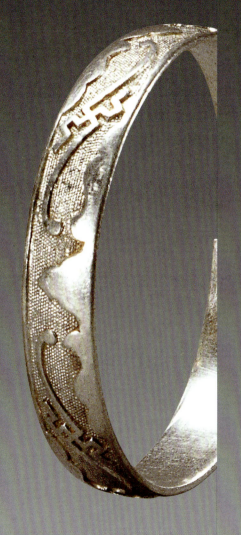

"新和泰"铭银镯（2件）
"Xin He Tai 新和泰"-inscribed Silver Bracelets

民国（1912~1949年）
Republican period (1912-1949)

直径4.2厘米　宽0.8厘米　重31克

◎银质。一端开口，镯面扁平微弧，錾刻有花纹，背面有
"新和泰"戳记。"新和泰"为民国时常州的银楼名。

图书在版编目（CIP）数据

常州博物馆五十周年典藏丛书. 漆木·金银器卷/常州博物馆编.

—北京：文物出版社，2008.10

ISBN 978-7-5010-2533-6

Ⅰ.常... Ⅱ.常... Ⅲ.①文物-常州市-图录②漆器(考古)

-常州市-图录③金银器(考古)-常州市-图录

Ⅳ.K872.533.2

中国版本图书馆CIP数据核字（2008）第116188号

题　字	张怀西
摄　影	孙之常
英文翻译	莫润先
书籍设计	顾咏梅　袁振宁
责任印制	梁秋卉
责任编辑	张小舟

出版发行	文物出版社
网　址	http://www.wenwu.com
E－mail	web@wenwu.com
制版印刷	北京圣彩虹制版印刷技术有限公司
经　销	新华书店
开　本	889×1194mm　1/16
印　张	6
版　次	2008年10月第1版
印　次	2008年10月第1次印刷
定　价	80元